Inhalt

Geschäfte in Osteuropa - Managementstil als entscheidendes Konsenskriterium

Kernthesen

Beitrag

Fallbeispiele

Weiterführende Literatur

Impressum

Geschäfte in Osteuropa - Managementstil als entscheidendes Konsenskriterium

C.F.Dobner

Kernthesen

- Die Denkweisen der Mitarbeiter in Ost- und Westeuropa unterscheiden sich erheblich. Ein erfolgreiches Management setzt das Kennen der jeweiligen Denkmuster voraus.
- Der Stil von Führungskräften in Ost- und Westeuropa könnte kaum verschiedener sein. Im Osten herrscht Managementstil, im Westen dagegen sind Führungskräfte eher Coach.
- Die Ursachen der Unterschiede sind sowohl

bei Mitarbeitern als auch bei Führungskräften größtenteils historisch bedingt.
- Erlernbare Schlüsselqualifikationen für Führungskräfte garantieren jedoch auch Erfolg in Verhandlungen mit Geschäftspartnern in CEE-Ländern.

Beitrag

In Zeiten der Globalisierung ist Handel schier über alle Grenzen hinweg denk- und realisierbar. Dass sich deutsche Unternehmen dies längst zu nutze gemacht haben, beweisen die nüchternen Zahlen die unsere Nation im internationalen Vergleich zum Exportweltmeister machen. In jüngster Zeit hat insbesondere der Handel mit den sog. CEE-Ländern (Central and East Europe), zu denen sich auch der Westen Russlands zählen darf, zugenommen. Die Erschließung dieser neuen Märkte birgt für deutsche Unternehmen ein hohes Potenzial. Insbesondere der Handel mit Russland wird für deutsche Unternehmen zunehmend interessanter.

Die Erschließung dieser Märkte ist jedoch nicht nur mit den offensichtlichen Risiken der räumlichen Distanz behaftet, sondern birgt auch verdeckte Risiken die häufig erst auf den zweiten Blick erkannt werden. Wer neue Märkte in Osteuropa erschließen will, muss sich darauf einstellen, dass dortige Führungskräfte und Mitarbeiter einfach anders ticken als in westlichen Ländern, aber weder besser noch schlechter. Osteuropäer haben häufig ein anderes Hierarchiebewusstsein, ein anderes Zeitverständnis und eine andere Art der Kommunikation als Westeuropäer. Wer erfolgreich Handel mit CEE-Ländern betreiben möchte, ist darauf angewiesen die Unterschiede im Detail zu kennen.

Gründe für diese Mentalitätsunterschiede sind regelmäßig historisch bedingt, man denke nur an die strikten Planwirtschaften des Ostens in vergangenen Zeiten. Ein weiterer Faktor für erfolgreiches Handeln mit Osteuropäern ist die Beherrschung der jeweiligen Sprache. Für die späteren geschäftlichen Vorhaben sollte im Vorfeld wenigstens ein Mindestvokabular beherrscht werden. Dies signalisiert Interesse an der jeweiligen Kultur des Geschäftspartners. Trotz der mit der Erschließung der osteuropäischen Märkte verbundenen Chancen und auch erheblichen Risiken, wird ein unaufhaltsamer Trend hin zu Geschäften mit den dort ansässigen Unternehmern deutlich. Um die Spitzenposition der Exportrangliste nicht zu verlieren, könnten wir uns gegenteiliges auch keinesfalls mehr erlauben. (2), (3), (4), (6)

Mitarbeiter in Zentral- und Osteuropa ticken einfach anders

Das insbesondere die Mitarbeiter in Osteuropa einfach anders ticken, ist eine völlig wertungsfreie Feststellung deutscher Unternehmer, die bereits zahlreiche Erfahrungen mit Geschäften in Osteuropa gemacht haben. Wer osteuropäische Märkte erschließen möchte, sollte sich diese Unterschiede verinnerlichen. Diese Erkenntnisse sind insbesondere für deutsche Unternehmer interessant, die Outsourcing betreiben oder gar eine eigene Niederlassung in Polen, Tschechien, der Slowakei, Russland, Ungarn, Slowenien, Bulgarien, Kroatien oder Serbien planen. Eine dortige Niederlassung mit demselben Stil zu führen, wie in Deutschland, wäre von vornherein zum Scheitern verurteilt.

Die Unterschiede im Detail werden derzeit sogar wissenschaftlich eruiert. Forscher der Karl-Franzens Universität zu Graz beschäftigen sich im Rahmen der Kulturstudie der Trigon Entwicklungsberatung sowohl mit Ursache und Wirkung als auch mit den Vorurteilen über Menschen in Osteuropa. Die ersten Ergebnisse der Wissenschaftler belegen, dass insbesondere das Hierarchiebewusstsein unserer osteuropäischen Nachbarn deutlich stärker ausgeprägt ist als das Unsere. Außerdem unterscheidet sich die Kommunikation zwischen Mitarbeitern und Vorgesetzten stark von der westeuropäischen. Beispielsweise werden andere Sichtweisen von osteuropäischen Mitarbeitern in Projekten nur in den seltensten Fällen offen angesprochen. Dennoch wünscht sich ein Großteil der Osteuropäer, anders als ihre westlichen Kollegen, detaillierte Informationen zum jeweiligen Projekt zu dem sie mit ihrer Arbeit beitragen. Weniger interessant ist für sie jedoch die Frage, welche strategischen Überlegungen hinter dem Projekt stehen und wie dieses im größeren Kontext zu sehen ist.

Ein weiterer Unterschied zur westeuropäischen Mentalität ist auch das andere Zeitverständnis osteuropäischer Mitarbeiter. Das Einhalten fixer Termine, welches in Westeuropa gerade bei just-in-time Verträgen höchste Priorität hat, wird aus westlicher Sicht im Osten eher als weniger wichtig eingestuft. Nach eigener Einschätzung der Osteuropäer seien sie jedoch stets um Pünktlichkeit und Einhaltung fixer Termine bedacht.

Auch hinsichtlich sozialer Aspekte unterscheidet sich die Mentalität der Osteuropäer von der der Westeuropäer. Persönliche Beziehungen sind für Mitarbeiter in CEE-Ländern deutlich wichtiger. Nahezu jeder Osteuropäer hat das Verlangen nach

einem eigenen Büro und hoher Diskretion. Der Wunsch nach Diskretion nimmt laut der Studie jedoch bei der jüngeren Generation stark ab. Diese Generation ist auch deutlich stärker an einer offenen Kommunikation zwischen Mitarbeiter und Vorgesetztem, ähnlich der, der Westeuropäer, interessiert.
Laut der Studie wird jedoch auch schnell klar, dass es ein großer Fehler wäre, alle Osteuropäer kulturell über einen Kamm zu scheren, da regionale Unterschiede sehr stark ausgeprägt seien. (2), (3), (4)

Der Ost-Manager / West-Coach Vergleich

In modernen westeuropäischen Betrieben hat sich häufig ein erfolgreicher demokratischer Führungsstil entwickelt. Für Osteuropäer ist diese Art von Führung äußerst gewöhnungsbedürftig, da sie an strikte Hierarchien gewöhnt sind und mit diesen daher auch vertrauter und besser umgehen können. Eindeutig definierte Auf- und Vorgaben sowie autoritär getroffene Entscheidungen sind teil eines erfolgreichen Führungsstils in Osteuropa. Mitarbeiter in Zentral- und Osteuropa sehen ihren Vorgesetzten als Manager mit hoher Fachkompetenz, der im Übrigen eine noch größere Bedeutung als bei uns zugemessen wird. Die junge Generation orientiert sich dagegen eher am westeuropäischen Führungsstil, bei dem der Vorgesetzte eher als Coach verstanden wird.

Die Forscher des Institutes für Internationales Management haben in ihrer Studie herausgefunden, dass es für die Mitarbeiter in Osteuropa sehr bedeutsam ist, die klar formulierten Regeln und Tagesvorgaben des Vorgesetzten einzuhalten. Der eigene Handlungsspielraum wird nur in den seltensten Fällen ausgereizt, wie zum Beispiel wenn soziale Komponenten wie langjährige Freund- oder Partnerschaft hinzukommen. Wenn man nach typischen Qualifikationen eines russischen Managers fragt, so müsste man zunächst verschiedene Managementgenerationen unterscheiden. Die erste Generation ist die so genannte Sowjetgeneration, die ihre insbesondere hohe technische Qualifikation zu Sowjetzeiten erlangt hat. Die zweite Generation ist die Perestroikageneration. Und die dritte Generation ist die, deren akademischer Background sich nur unwesentlich von dem der westeuropäischen Generation unterscheidet. Der größte Unterschied zwischen west- und osteuropäischen Managern der ersten Generationen ist, dass es Mitarbeiterführung oder Coaching im Sowjetsystem nicht gab. Vielmehr wurde Kontrolle und Kommando gelehrt. In osteuropäischen Unternehmen ist die gesamte Macht auf die Führungsebene konzentriert.

Häufig nehmen dortige Topmanager Aufgaben lieber selbst in die Hand als zu delegieren. Auch im Verhandlungsstil zeigen sich deutliche Unterschiede zu den Westeuropäern. Das Verhalten osteuropäischer Manager ist bei Verhandlungen eher pragmatisch. Verhandelt wird häufig nicht alleine, sondern mit einem großen Stab an Beratern und Anwälten. Als Vorurteil erweist sich dagegen, Statussymbole wie teuere Uhren oder Autos seien osteuropäischen Führungskräften wichtiger als westeuropäischen Managern. Erwähnenswert ist, wenn für manchen auch überraschend, dass der Anteil an weiblichen Führungskräften in Osteuropa deutlich höher ist als in Westeuropa. (2), (3), (4)

Ursachen der Unterschiede zwischen Ost und West

Die Ursachen für die verschiedenen Denk- und Verhaltensmuster der jeweiligen Manager liegen einerseits, wie bereits erwähnt, an der Qualifikation der ersten und zweiten Generation der osteuropäischen Führungskräfte, andererseits sind sie stark historisch bedingt. Das despotische Regime sowie die Planwirtschaft des Ostens haben deutliche

Spuren hinterlassen. Dies wird insbesondere an den Unterschieden im Zeitmanagement und der damit verbundenen Termintreue deutlich.

Es lässt sich jedoch feststellen, dass gerade die dritte Führungsgeneration sich dem westlichen Führungsstil annähert und die Unterschiede deutlich geringer werden. Dennoch sind sie vorhanden und sie erfordern Kenntnisse sowie Fingerspitzengefühl. (3), (4)

Schlüsselqualifikationen für ein erfolgreiches Management

Die Schlüsselqualifikationen für ein erfolgreiches Management liegen klar auf der Hand. Es gilt vor allem die Sprachbarrieren zu durchbrechen und Interesse an Sprache und Kultur zu zeigen. Persönliche Überzeugungskraft und gute Beziehungen sind unabdingbar. Vor der Aufnahme von Verhandlungen sollte zumindest das Grundvokabular der Sprache des Geschäftspartners beherrscht werden. Außerdem ist ein ausgeprägtes Verständnis für die größtenteils historisch bedingten Unterschiede notwendig. Bei Projekten sollten die Anweisungen an Mitarbeiter klar und detailliert formuliert sein. Zudem sollten Tagesziele gesetzt werden. Von Vorteil ist auch ein ausgeprägtes Hierarchiebewusstsein mit dem Schwerpunkt auf einer hohen Fachkompetenz. Einem divergenten Zeitverständnis kann durch die Schaffung größerer zeitlicher Puffer entgegengewirkt werden.

Wesentlich für erfolgreiche Führung und Geschäfte in Osteuropa ist auch ein Verständnis für das soziale Umfeld des Geschäftspartners. Diese Führungsregeln entsprechen zwar nur selten den uns vertrauten westeuropäischen Managementgrundsätzen, sie sind jedoch erlernbar und für erfolgreiche Geschäfte in Osteuropa unerlässlich. (2), (3), (4)

Fallbeispiele

Ein prominentes Beispiel für erfolgreiche Geschäfte mit osteuropäischen Unternehmen ist die Zusammenarbeit zwischen dem Münchener Riesen **Siemens** und dem russischen Unternehmen **Rosatom**, die bereits Projekte, wie die Fertigstellung eines bulgarischen Atomkraftwerkes gemeinsam realisiert haben. Laut Aussage des Siemenschefs Löscher ist eine weitere Zusammenarbeit in dem Bereich Energietechnik erwünscht.Auch kleine und mittelständische Unternehmen sammeln bereits erste Erfahrungen im Bereich Export nach Osteuropa. Die Firma **Friedrich Treppenbau** aus Prien am Chiemsee exportiert seit kurzen hochwertige Treppen nach Russland und hat damit einen neuen lukrativen Markt für sich erschlossen, der bereits jetzt rund ein Zehntel des Gesamtumsatzes des Unternehmens ausmacht. (1), (3), (5), (7)

Weiterführende Literatur

(1) Made in Germany
aus dds - das magazin für möbel und ausbau, Heft 2, 2009, S. 43

(2) Managementstile in Osteuropa
aus "a3-eco" Nr. a3EURO/08 vom 03.07.2008 Seite: 56

(3) Weltweit mitreden können
aus "Der Standard" vom 17.01.2009 Seite: K31

(4) Management und Vorurteil: Wo sich Ost und West entgegenkommen Wer mit Russland Geschäfte machen will, muss sich von vielen Klischees trennen - kennen sollte man allerdings den Kultur-Knigge
aus DIE WELT, 25.06.2008, Nr. 147, S. WR2

(5) Mitarbeiterführung Die Crew zusammenhalten Mit motivierten und qualifizierten Mitarbeitern lassen sich Krisen leichter bewältigen

aus kfz-betrieb Nr. 006 vom 05.02.2009 Seite 012

(6) Erst vorbereiten dann loslegen
aus afz - allgemeine fleischer zeitung Nr. 06 vom 04.02.2009 Seite 004

(7) Putin lockt Siemens nach Russland
aus www.powernews.org Meldung vom 04.02.2009 - 10:56

Impressum

Geschäfte in Osteuropa - Managementstil als entscheidendes Konsenskriterium

Bibliografische Information der deutschen Nationalbibliothek

Die Deutsche Nationalbibliothek verzeichnet diese Publikation in der deutschen Nationalbibliografie; detaillierte bibliografische Daten sind im Internet über http://dnb.d-nb.de abrufbar.

ISBN: 978-3-7379-0220-5

© 2015 GBI-Genios Deutsche Wirtschaftsdatenbank GmbH, Freischützstraße 96, 81927 München, www.genios.de

Alle Rechte vorbehalten. Dieses Werk ist einschließlich aller seiner Teile – z.B. Texte, Tabellen und Grafiken - urheberrechtlich geschützt. Jede Verwertung außerhalb der Grenzen des Urheberrechtsgesetzes bedarf der vorherigen Zustimmung des Verlags. Dies gilt insbesondere auch für auszugsweise Nachdrucke, fotomechanische

Vervielfältigungen (Fotokopie/Mikroskopie), Übersetzungen, Auswertungen durch Datenbanken oder ähnliche Einrichtungen und die Einspeicherung und Verarbeitung in elektronischen Systemen.